돈에 대한 책이 아니다.
나의 꿈을 위해 반드시 읽어야 할 책이다.
드로우앤드류_ 유튜버, 『럭키 드로우』 저자

적기란 없다.
지금 있는 자리에서 자신이 가진 것을
가지고 일을 시작하라.
그러다 보면 더 나은 수단을 찾게 될 것이다.
나폴레온 힐

성공은 누구도 차별하지 않는다

성공은
누구도
차별하지
않는다

인생의
주인이 되는
나폴레온 힐의 말

『생각하라 그리고
부자가 되어라』에서
드로우앤드류가 뽑아 엮고 씀

윌북

나폴레온 힐 *Napoleon Hill* (1883~1970)과
『생각하라 그리고 부자가 되어라』에 대하여

나폴레온 힐은 역사상 가장 사랑받는 동기부여 작가이자 현대
자기계발 분야의 뿌리가 되는 성공 철학의 거장이다. 1883년
버지니아주 작은 시골 마을 오두막에서 가난한 대장장이의
아들로 태어났다. 대학 학비를 마련하기 위해 잡지사 기자로
활동하면서, 1908년 당시 최고 부자였던 철강왕 앤드루
카네기를 만났고, 그때부터 그의 인생은 완전히 바뀌게 된다.
보통 사람들을 위해 부의 비밀을 전파해달라는 카네기의 유지를
받들어 20년 동안 507명의 자수성가한 부자들을 인터뷰하고
분석하고 연구한 끝에 세계 최초의 성공 철학을 세웠다.
윌슨 대통령 홍보 담당 비서관과 루스벨트 대통령 고문관
등을 역임했으며, 1970년 88세의 일기로 생을 마쳤다. 현재는
'나폴레온 힐 재단'에서 그가 남긴 성공 철학과 실천 프로그램을
전 세계에 알리고 있다. 나폴레온 힐은 1929년 시작된 대공황을
예견이라도 한 듯,『생각하라 그리고 부자가 되어라』를
출간하여 실의와 좌절에 빠져 있던 수많은 미국인들을 다시
일어서게 했다. 이후 이 책은 밥 프록터, 조셉 머피에게 영향을
주며, 20세기 최고의 성공 철학서로 자리 잡았다. 목표와 꿈,
행동이 하나로 강렬하게 움직일 때 인간의 가능성이 얼마나
크고 강력해지는지, '생각의 힘'을 발견하게 하는 책이다.

꿈은 무관심과 나태,
야망이 없는 사람에게는
생겨나지 않는다.

『생각하라 그리고 부자가 되어라』 중에서

차례

나는 내 운명의 주인이며,
영혼의 선장이다.

윌리엄 어니스트 헨리

1장

마음이 상상하고
믿을 수
있는 것은
무엇이든
이룰 수 있다

저는 부자가 되고 싶지 않았습니다. 부자가 된다는
것에 대한 막연한 거부감이 있었죠. 드라마나 영화에
비춰지는 부자들은 늘 욕심 많고 타락하고 부조리한
사람들이었습니다. 더 많은 돈을 벌기 위해 불합리한
요구를 하거나, 인격을 무시하는 모습으로 묘사되기도
했죠. 그래서인지 저는 '부자'라는 단어 자체에 부정적
감정을 가지고 있었습니다. 이 책을 처음 접했을 때도
마찬가지였습니다. '생각하라 그리고 부자가 되어라.'
제목부터 거리감을 느꼈죠. "생각으로 어떻게 부자가
될 수 있을까?" 반신반의하며 책을 읽기 시작했습니다.
그리고 저는 제가 많은 것을 놓치고 있었다는 걸 알게

되었습니다.

부자가 되고 싶지 않다는 생각에는 몇 가지 모순이
있었습니다. 첫째, 부자라는 기준은 무엇일까요?
얼마를 벌어야 하고, 얼마를 가지고 있어야 할까요?
10억, 100억, 1000억? 어느 선부터 부자라고 말할
수 있는 걸까요? 저는 엄청난 사업가나 자산가는
아니지만, 제 소득과 자산에 만족하는 편입니다.
먹고 싶을 때 먹고 사고 싶을 때 살 수 있으니까요. 제
이름으로 된 집이 있고, 차도 있고, 부모님 생활비도
드리고 있습니다. 어쩌면 누군가의 시선에서는 제가
부자일지도 모릅니다. 저는 부자에 대한 저만의 기준은
생각해보지도 않은 채, 그저 부정해버렸던 것입니다.

둘째, 이 정도 경제적 여유를 가지기까지 제가 노력한
것은 무엇일까요? 열심히 공부하고, 학위 받고,
취업하고, 자기계발하고, 사업 운영했던 많은 노력들이
결국 돈을 벌기 위한 것이었습니다. 하지만 저는
부자가 되는 걸 거부했죠. 마치 매일 끼니를 챙겨먹고
틈틈이 운동하고 숙면하고 영양제 챙겨 먹으면서 "나는
오래 살기 싫어"라고 말하는 것 같았죠.

셋째, 지금 내가 이룬 소득과 자산이 내가 계산한
결과일까요? 아니면 열심히 살다 보니 얻어진
것일까요? 저는 후자에 가깝습니다. 그렇다면
앞으로 내가 더 큰 목표를 가지고 열심히 살다 보면
부가 따라오지 않을까요? 그걸 제가 억지로 막을 수
있을까요? 부자가 되고 싶지 않다면 그냥 아무것도
안 하면 되는데, 저는 왜 계속 뭔가를 하는 걸까요?
어쩌면 저의 무의식이 '부자'라는 단어에 거부감을
가지고 있었던 것은 아닐까요? 내가 부자가 된다고
해서 미디어에서처럼 탐욕스럽고 부조리하게 변하게
될까요? 아닙니다. 돈은 그저 좀 더 편안한 삶을 위한
도구이자, 내가 하고 싶은 것들을 도와주는 수단일
뿐입니다.

그래서 저는 '부자'에 대한 모순적인 생각을
버리고 책을 읽었고, 저에게 영감을 준 문장들을
뽑아보았습니다. 여러분도 이 책의 여정을 함께하면서,
저처럼 부자에 대한 생각을 다시 한번 돌아보고, 더
나은 삶을 위해 필요한 깨달음을 얻기를 바랍니다. 책
속의 문장들이 여러분에게도 새로운 통찰과 영감을 줄
수 있기를 기대합니다.

"생각은 실체다." 진짜 그렇다. 생각은
명확한 목표, 끈기, 불타는 열망과
합쳐지면 더욱 강력한 실체가 되어 부나
또 다른 물질로 바뀐다.

Truly, "thoughts are things," and powerful
things at that, when they are mixed with
definiteness of purpose, persistence, and
a burning desire for their translation into
riches, or other material objects.

목표를 명확히 정하고 목표가 이루어질
때까지 온 마음을 다하기만 해도 인생은
전혀 다른 이야기로 펼쳐진다!

What a different story men would have
to tell if only they would adopt a definite
purpose, and stand by that purpose until
it had time to become an all-consuming
obsession!

기회는 뒷문으로 슬그머니 들어오거나
때로는 불운이나 일시적인 패배의
모습으로 찾아오기도 한다.

That is one of the tricks of opportunity. It
has a sly habit of slipping in by the back
door, and often it comes disguised in the
form of misfortune, or temporary defeat.

자신이 원하는 것을 알고, 갈망이 실현될
때까지 물러서지 않겠다는 확고한 결심
외에 그가 가진 것은 아무것도 없었다.

He had nothing to start with, except the
capacity to know what he wanted, and
the determination to stand by that desire
until he realized it.

실패하는 사람에게서 볼 수 있는 공통점
가운데 하나는 한 번 실패했을 때 쉽게
포기해버린다는 점이다.

One of the most common causes of
failure is the habit of quitting when one is
overtaken by temporary defeat.

실패는 매우 아이러니하고 교활한
사기꾼과 같다. 우리를 성공 바로 앞에서
무너뜨리는 걸 즐기기 때문이다.

Failure is a trickster with a keen sense of
irony and cunning. It takes great delight
in tripping one when success is almost
within reach.

"그건 실패를 가장한 축복이었어.
그때 일로 아무리 힘들더라도 계속
밀고 나가라는 교훈을 얻었거든. 어떤
일에서 성공하기 위해서는 꼭 필요한
교훈이었다고 생각해."

"but," he said, "that experience was a
blessing in disguise. It taught me to keep
on keeping on, no matter how hard the
going may be, a lesson I needed to learn
before I could succeed in anything."

인간의 가장 큰 약점은 불가능이라는 단어에 너무 익숙하다는 것이다. 어떤 규칙이 효과가 없고 무엇이 할 수 없는 것인지를 미리 판단한다.

One of the main weaknesses of mankind is the average man's familiarity with the word 'impossible'. He knows all the rules which willnot work. He knows all the things which cannot be done.

성공을 의식하는 사람에게는 성공이
찾아온다.
실패를 의식하는 사람에게는 실패가
찾아온다.

Success comes to those who become
success conscious.
Failure comes to those who indifferently
allow themselves to become failure
conscious.

부자가 되겠다는 강한 열망은 우리
스스로가 목표를 이루기 위해 명확한
계획을 세우게 할 것이다.

We must become money conscious until
the desire for money drives us to create
definite plans for acquiring it.

돈이 목표가 되는 것을 이해하는 나이가
되면 모두가 돈을 벌고 싶어 한다. 하지만
소망한다고 해서 부가 오는 것은 아니다.
부에 대한 집념을 가지고 그것을 이루기
위해 확고한 방법과 수단으로 계획을
세우며, 실패에 아랑곳하지 않는 끈기를
가지고 계획을 밀어붙일 때 부는 따라오기
마련이다.

Every human being who reaches the age of
understanding of the purpose of money,
wishes for it. Wishing will not bring riches.
But desiring riches with a state of mind
that becomes an obsession, then planning
definite ways and means to acquire riches,
and backing those plans with persistence
which does not recognize failure, will
bring riches.

긍정적인 의미에서 '돈에 대한 의식'이
있는 사람만이 막대한 부를 얻는다.

Only those who become 'money conscious'
ever accumulate great riches.

변화한 세상은 꿈을 꾸고, 그것을
행동으로 옮기려는 의지를 가진 현실적
인물을 요구한다.

This changed world requires practical
dreamers who can, and will put their
dreams into action.

성공하면 설명이 필요 없고, 실패하면
변명이 허락되지 않는다.

Success requires no apologies, failure
permits no alibis.

부를 일구기 위한 계획을 세울 때 당신의 현재 우리가 사는 세상은 지도자, 발명, 교수법, 마케팅, 영화, 문학 등 거의 모든 분야에서 새로운 것을 요구한다. 그리고 새롭고 더 나은 것을 요구하는 흐름에서 승리하기 위해 반드시 갖추어야 할 것이 있다. 바로 목적의 명확성, 원하는 것이 무엇인지 아는 것, 그것을 소유하려는 불타는 열망이다.

We who are in this race for riches, should be encouraged to know that this changed world in which we live is demanding new ideas, new ways of doing things, new leaders, new inventions, new methods of teaching, new methods of marketing, new books, new literature, new features for the radio, new ideas for moving pictures. Back of all this demand for new and better things, there is one quality which one must possess to win, and that is definiteness of purpose, the knowledge of what one wants, and a burning desire to possess it.

부를 일구기 위한 계획을 세울 때 당신의
꿈을 비난하는 말은 신경 쓰지 마라.

In planning to acquire your share of the
riches, let no one influence you to scorn
the dreamer.

사람들에게 꿈을 이해시키고, 일시적인
패배를 만나더라도 주변의 비난은
무시하라. 그들은 실패는 성공의
씨앗이라는 사실을 깨닫지 못하는
사람이다.

Put your dream across, and never
mind what 'they' say if you meet with
temporary defeat, for 'they', perhaps, do
not know that every failure brings with it
the seed of an equivalent success.

현실에 발을 디딘 채 꿈을 꾸는 사람은
절대 포기하지 않는다.

Practical dreamers do not quit.

세상은 새로운 아이디어를 내는 사람에게
보상을 주며 반긴다.

It has shown a willingness to reward the
dreamer who gives the world a new idea.

우리의 유일한 한계는 마음속에 스스로가
정해놓은 것뿐이다.

Our only limitations are those we set up in
our own minds.

이제 세상은 과거 꿈을 꾸던 이들은
상상하지도 못할 풍요로운 기회로 가득 차
있다. 무언가가 되고, 무언가를 해내려는
불타는 열망이 몽상가들의 출발점이 될
것이다. 꿈은 무관심과 나태, 야망이 없는
사람에게 생겨나지 않는다.

The world is filled with an abundance of
opportunity which the dreamers of the
past never knew. a burning desire to be,
and to do is the starting point from which
the dreamer must take off. Dreams are
not born of indifference, laziness, or lack
of ambition.

세상은 이제 꿈을 꾸는 사람들을
비난하거나 비현실적이라고 말하지
않는다.

The world no longer scoffs at the dreamer,
nor calls him impractical.

성공한 사람들도 성공 전에는 출발조차
힘들 만큼 숱한 마음고생을 겪었다.
그들에게도 위기의 순간은 찾아왔고 그
위기에서 '또 다른 자아'를 발견함으로써
성공을 이루어냈다.

The turning point in the lives of those who
succeed, usually comes at the moment
of some crisis, through which they are
introduced to their 'other selves'.

불타는 열망이 더해진 믿음이 이루지 못할
것은 아무것도 없다.

Verily, there is nothing, right or wrong,
which belief, plus burning desire, cannot
make real.

이상하고도 다양한 것이 인생길이다.
그런데 무한 지능이 이끄는 인생은 훨씬
이상하다. 이를 통해 사람은 가끔 온갖
고난을 겪게 되지만, 이후 자신의 천재성과
능력을 발견하고 상상력을 발휘해 유용한
아이디어를 창조하니 말이다.

Strange and varied are the ways of life,
and stranger still are the ways of Infinite
Intelligence, through which men are
sometimes forced to undergo all sorts of
punishment before discovering their own
brains, and their own capacity to create
useful ideas through imagination.

궁핍과 가난을 받아들이느니 인생의
높은 목표를 설정하고 부와 번영을 위해
노력하는 편이 낫다는 것을 명심하라.

Remember, no more effort is required
to aim high in life, to demand abundance
and prosperity, than is required to accept
misery and poverty.

무언가를 바라는 것과 그것을 받아들일
준비가 된 것에는 차이가 있다.
가질 수 있다고 믿지 않는 한 준비가 된
것이라 할 수 없다. 단순히 희망이나 바람이
아니라 믿음을 가지고 있어야만 한다.
믿기 위해서는 열린 마음이 꼭 필요하다.
닫힌 마음은 신뢰, 용기, 믿음을 일으키지
않는다.

There is a difference between wishing for
a thing and being ready to receive it. No
one is ready for a thing, until he believes
he can acquire it. The state of mind must
be belief, not mere hope or wish. Open-
mindedness is essential for belief. Closed
minds do not inspire faith, courage, and
belief.

2장

우리의 유일한
한계는 마음속에
스스로가 정해놓은
것뿐이다

"성공은 운이다." 여러분도 이 말을 들어본 적이
있으시죠? 저 역시 성공에 있어서 운이 중요한
요소라고 생각합니다. 누구나 열심히 살지만, 모두가
성공하지는 않습니다. 노력하는 과정에서 운을 만나야
비로소 성공이 찾아오기 때문이죠.

한 사회 실험 조사에 따르면, 사람의 평생소득은
태어난 나라에 따라 50%, 타고난 유전자에 따라 30%,
그리고 자라온 환경에 따라 10%로 결정된다고 합니다.
이 책을 읽고 있는 여러분 대부분은 대한한국에서
태어나셨을 겁니다. 불과 60km도 되지 않는 거리에
있는 북한이 아닌 남한에 태어난 우리는 이미 50%의

운을 타고난 것입니다. 유전자의 경우에도, 만약 큰
장애 없이 건강하게 태어났다면 30%의 운을 가지고
있는 셈이죠. 또한, 한국의 대학 진학률은 OECD
국가 중 1위입니다. 만약 한국에서 건강하게 태어나
대학까지 진학했다면, 여러분은 이미 세계 인구
중 상위 30%에 속한다고 볼 수 있습니다. 그러나
우리는 때때로 이미 주어진 운을 잊고 삽니다. 미국과
국가경쟁력을 비교하고, 연예인들과 외모를 비교하고,
금수저들과 자라온 환경을 비교하며 허무주의와
무기력에 빠집니다. 애초에 내가 잘될 것이라는 믿음을
스스로 저버리는 것이죠.

이번 장에는 믿음에 대한 중요한 문장들이 나옵니다.
자신의 내면을 돌아보고, 허무주의와 나태, 무기력을
벗어나 긍정적인 삶의 변화를 이끄는 문장들이죠.
우리는 이미 많은 운을 가지고 시작했습니다. 단지
스스로 그렇게 믿고, 생각하지 않은 것입니다. 이제
새로운 믿음을 바탕으로 열망을 성취하기 위해 구체적
계획을 세우고 행동해보세요.

믿음은 가장 높은 곳에서 마음을
움직이는 연금술사다.

Faith is the head chemist of the mind.

자기암시를 이용해 잠재의식에
반복적으로 지시를 내리거나 확신을 주어
생겨나는 마음 상태가 바로 믿음이다.

Faith is a state of mind which may be
induced, or created, by affirmation or
repeated instructions to the subconscious
mind, through the principle of auto-
suggestion.

사람들은 자기가 통제할 수 없는 어떤
이상한 힘 때문에 가난하고 실패할 수밖에
없었다고 여긴다. 이들은 스스로를
불운하게 만들고 있는 것이나 다름없다.
자신이 잠재의식에 전달한 부정적 믿음이
현실로 전환된 것이기 때문이다.

There are millions of people who believe
themselves 'doomed' to poverty and
failure, because of some strange force
over which they believe they have no
control. They are the creators of their
own 'misfortunes', because of this
negative belief, which is picked up by the
subconscious mind, and translated into its
physical equivalent.

긍정적 감정으로 채워진 마음은 믿음을
위한 좋은 바탕이 된다.

A mind dominated by positive emotions,
becomes a favorable abode for the state of
mind known as faith.

어떤 말을 반복하면 그게 진실이든 거짓이든
결국 믿게 된다는 것은 잘 알려진 사실이다.
거짓말을 반복하면 결국 그 거짓말을 사실로
받아들이고, 더 나아가 그것을 믿기까지
한다. 한 사람의 현재 모습은 자기 마음을
장악한 생각으로 완성된 것이다.

It is a well known fact that one comes,
finally, to believe whatever one repeats to
one's self, whether the statement be true
or false. If a man repeats a lie over and
over, he will eventually accept the lie as
truth. Moreover, he will believe it to be the
truth. Every man is what he is, because
of the dominating thoughts which he
permits to occupy his mind.

마음속에 의도적으로 심은 생각이 하나
이상의 감정과 합쳐지면 사람을 움직이는
원동력이 되어 그의 움직임과 행동을
지시하고 제어하게 된다.

Thoughts which a man deliberately places
in his own mind, and encourages with
sympathy, and with which he mixes any
one or more of the emotions, constitute
the motivating forces, which direct and
control his every movement, act, and
deed.

인간의 정신도 대기라는 큰 창고에서
자신을 지배하는 생각과 조화를 이루는
파동을 계속해서 끌어당기고 있다.

From the great storehouse of the ether,
the human mind is constantly attracting
vibrations which harmonize with that
which dominates the human mind.

믿음은 부를 만들어내는 출발점이자
과학으로는 설명되지 않는 기적과
모든 미스터리의 토대다.
믿음은 실패의 유일한 해독제다.
믿음은 기도와 합쳐질 때 무한 지능과
직접 소통할 수 있게 해주는 연금술사다.
믿음은 확고한 마음으로 만들어진 평범한
사고 자극을 영적 요소로 바꾸는 요소다.
믿음은 무한 지능의 우주적 힘을
인간이 통제해서 사용할 수 있게
하는 유일한 힘이다.

Faith is the starting point of all accumulation of riches. Faith is the basis of all 'miracles', and all mysteries which cannot be analyzed by the rules of science. Faith is the only known antidote for failure.

Faith is the element, the 'chemical' which, when mixed with prayer, gives one direct communication with Infinite Intelligence.

Faith is the element which transforms the ordinary vibration of thought, created by the finite mind of man, into the spiritual equivalent.

Faith is the only agency through which the cosmic force of Infinite Intelligence can be harnessed and used by man.

빠르든 늦든 결국 승리하는 사람은
할 수 있다고 생각하는 사람이다

To the stronger or faster man,
But soon or late the man who wins
Is the man who thinks he can.

마음속에 품은 생각이나 아이디어, 계획이나
목적은 대기의 떨림에서 그것과 비슷한
것들을 끌어당기고, 이 비슷한 것들은
스스로 힘을 더해나가 점점 증식한다.
그리고 마침내 그것을 품은 사람의 마음속에
주요한 동기로 자리 잡는다.

From the great storehouse of the ether,
the human mind is constantly attracting
vibrations which harmonize with that
which dominates the human mind. Any
thought, idea, plan, or purpose which
one holds in one's mind attracts, from
the vibrations of the ether, a host of its
relatives, adds these 'relatives' to its
own force, and grows until it becomes
the dominating, motivating master of
the individual in whose mind it has been
housed.

진실과 정의 위에 세워지지 않은 부와
지위는 오래가지 않음을 잘 알고 있다.
그러므로 나는 사람들에게 이익을 주지
않는 과정(거래)에는 관여하지 않을 것이다.
나는 내가 사용하고자 하는 힘을 스스로
끌어당기고, 다른 사람과 협력하여 성공할
것이다. 다른 사람을 도우려는 마음으로
다른 사람도 나를 돕도록 만들 것이다. 모든
인간을 사랑하는 마음을 키워 증오와 시기,
질투와 이기심 그리고 냉소의 마음을 버릴
것이다. 타인에 대한 부정적 태도는 나의
성공에 전혀 도움이 되지 않기 때문이다.
또한 다른 사람이 나를 믿도록 할 것이다.
나는 그들을 믿고 또 나 자신을 믿기
때문이다.

I fully realize that no wealth or position can long endure, unless built upon truth and justice, therefore, I will engage in no transaction which does not benefit all whom it affects. I will succeed by attracting to myself the forces I wish to use, and the cooperation of other people. I will induce others to serve me, because of my willingness to serve others. I will eliminate hatred, envy, jealousy, selfishness, and cynicism, by developing love for all humanity, because I know that a negative attitude toward others can never bring me success. I will cause others to believe in me, because I will believe in them, and in myself.

바람에 따라 배가 동쪽으로도,
서쪽으로도 움직일 수 있듯이 자기암시
법칙은 생각이 움직이는 방향에
따라 당신을 들어 올릴 수도, 아래로
끌어내릴 수도 있다.

Like the wind which carries one ship
East, and another West, the law of auto-
suggestion will lift you up or pull you
down, according to the way you set your
sails of thought.

패배할 거라고 생각하면 패배할 것이다.
감히 내가 어떻게 하겠어라고 생각하면
감히 시도도 못 하게 될 것이다.
승리하고 싶지만 그럴 수 없다고
생각한다면 절대로 승리할 수 없을
것이다.

If you think you are beaten, you are,
If you think you dare not, you don't
If you like to win, but you think you can't,
It is almost certain you won't.

당신의 어딘가에, 아마도 뇌세포 속에는
성공의 씨앗이 잠자고 있을 것이다.
그 씨앗을 깨워 작동시키면 꿈꾸지 못했던
높이로 당신을 데려갈 것이다.
위대한 음악가가 바이올린 연주로 가장
아름다운 선율을 쏟아내듯 당신도 뇌 속에
잠들어 있는 천재성을 깨우면 그것으로
원하는 목표까지 닿을 수 있다.

Somewhere in your make-up (perhaps in
the cells of your brain) there lies sleeping,
the seed of achievement which, if aroused
and put into action, would carry you
to heights, such as you may never have
hoped to attain. Just as a master musician
may cause the most beautiful strains of
music to pour forth from the strings of a
violin, so may you arouse the genius which
lies asleep in your brain, and cause it to
drive you upward to whatever goal you
may wish to achieve.

인간은 오감을 통해 잠재의식에 닿는 대상을
통제하도록 타고났다. 그러나 인간이
항상 이런 통제력을 발휘하는 건 아니다.
오히려 대부분은 이 능력을 사용하지
못한다. 이것이 많은 사람이 가난하게
살아가는 이유다.

Nature has so built man that he has
absolute control over the material which
reaches his subconscious mind, through
his five senses, although this is not meant
to be construed as a statement that man
always exercises this control. In the great
majority of instances, he does not exercise
it, which explains why so many people go
through life in poverty.

잠재의식은 비옥한 대지와도 같아서 좋은
씨앗을 뿌려주지 않으면 잡초만 무성해진다.
자기암시는 통제의 역할을 한다. 스스로
창조적인 생각을 잠재의식에 공급하기도
하고, 통제가 소홀할 때는 파괴적인 생각이
마음이라는 비옥한 대지에 침투하도록
내버려두기도 한다.

Recall what has been said about the
subconscious mind resembling a fertile
garden spot, in which weeds will grow
in abundance, if the seeds of more
desirable crops are not sown therein.
auto-suggestion is the agency of
control through which an individual may
voluntarily feed his subconscious mind
on thoughts of a creative nature, or, by
neglect, permit thoughts of a destructive
nature to find their way into this rich
garden of the mind.

무미건조하고 감정이 빠진 단어는
잠재의식에 영향을 주지 못한다. 믿음이
들어간 생각과 말로 잠재의식에 닿아야만
원하는 결과를 얻을 수 있다.

Plain, unemotional words do not influence
the subconscious mind. You will get
no appreciable results until you learn
to reach your subconscious mind with
thoughts, or spoken words which have
been well emotionalized with belief.

힘과 공포에 기반을 둔 과거의 방식은
믿음과 협력이라는 더 나은 원칙으로
대체될 것이다.

The methods of the past, based upon
economic combinations of force and fear,
will be supplanted by the better principles
of faith and cooperation.

서비스나 재화를 대가로 목표한 돈을
벌어들인다는 계획은 세우지 마라. 돈을
소유하고 있는 자신의 모습을 머릿속에
그리고 그 모습을 보라. 그리고
잠재의식이 필요한 계획을 넘겨주도록
요구하고 기대하라. 계획을 감지하기
위해 촉각을 세우고 계획이 나타났을 때
즉시 행동으로 옮겨라.

Do not wait for a definite plan, through
which you intend to exchange services
or merchandise in return for the money
you are visualizing, but begin at once to
see yourself in possession of the money,
demanding and expecting meanwhile,
that your subconscious mind will hand
over the plan, or plans you need. Be on
the alert for these plans, and when they
appear, put them into acting immediately.

추상적이고 비현실적으로 들릴지라도
지침을 따라야 한다. 행동만이 아니라
정신도 이 지침을 따라간다면 완전히
새로운 세상의 힘이 당신 눈앞에 펼쳐질
것이다. 인간은 새로운 아이디어에 늘
회의적이기 마련이다.
그러나 설명한 지침을 따른다면
회의적인 태도도 곧 믿음으로 바뀌고,
이는 확고한 믿음으로 굳어질 것이다.

Follow the instructions, no matter how abstract or impractical they may, at first, appear to be. The time will soon come, if you do as you have been instructed, in spirit as well as in act, when a whole new universe of power will unfold to you. Scepticism, in connection with all new ideas, is characteristic of all human beings. But if you follow the instructions outlined, your scepticism will soon be replaced by belief, and this, in turn, will soon become crystallized into absolute faith.

인간이 자신과 환경의 주인인 이유는
바로 스스로의 잠재의식에 영향을
미쳐서 무한 지성의 협조를 얻어낼
능력을 지니고 있기 때문이다.

Man may become the master of himself,
and of his environment, because he
has the power to influence his own
subconscious mind, and through it, gain
the cooperation of Infinite Intelligence.

어린아이 같은 믿음을 가지고 노력하라.

Inject into your efforts something of the
faith of a child.

3장

작은 일을
위대한 방식으로
하라

소득은 크게 3가지 유형으로 나눌 수 있습니다. 일을
하여 얻는 근로소득, 상품이나 서비스를 판매하여 얻는
사업소득, 돈을 투자해 얻는 자산소득.

부자가 되고 싶어 하는 2030세대가 쉽게 빠지는
함정이 있습니다. 근로소득과 사업소득을 거치지 않고
부동산, 주식, 가상화폐 등에 투자하는 자산소득에
먼저 뛰어드는 것이죠. 자산을 쌓기 위해 투자는 빠질
수 없는 부분입니다만 투자라는 것은 자본금과 전문
지식을 바탕으로 하는 것입니다. 주먹만 한 눈덩이라도
있어야 그것을 굴려 큰 눈덩이를 만들 수 있는 것이죠.
하지만 많은 사람들이 본업을 잊은 채 투자에만
몰두하다 큰 낭패를 당합니다.

일본에는 "니게키레타 고레샤逃げ切れた高齢者"라는
말이 있습니다. "도망칠 수 있었던 고령자"라는 뜻으로
사회적, 경제적 변동에서 비교적 영향을 덜 받고
혜택을 누리며 살아온 고령자 세대를 비유적으로
이르는 말입니다. 특히, 버블경제의 혜택을 본 뒤
경제 불황이나 사회적 어려움에서 비교적 안전하게
살아남아 은퇴 이후 안정된 생활을 누리는 세대를
가리키는 데 사용됩니다. 상대적으로 자본금이나
전문 지식이 적은 2030세대는 이들 세대와 자산소득
경쟁에서 불리할 수 밖에 없죠.

결국, 투자에 앞서 기본이 되어야 하는 것은 자본금과
전문 지식입니다. 근로소득이나 사업소득을 통해
투자를 위한 든든한 현금 흐름을 만들지 못하면
중요한 시기에 기회를 놓치고 말죠. 특히 부자가
되고 싶은 사람이라면 사업소득에 관심을 가져야
할 것입니다. 근로소득에는 시간이라는 한계가 있기
때문이죠.

이번 장은 전문 지식과 상상력에 대한 내용입니다.
사업에는 전문 지식과 상상력이 중요한 역할을 합니다.
이를 통해 나에게 필요한 전문 지식은 어떤 것인지

그리고 부를 가져다주는 창조적 상상력은 어떻게 발휘할 수 있는지 배울 수 있습니다. 지금 내가 가진 아이디어를 실행하는 용기를 가져보세요. 또 배움을 통해 전문 지식을 쌓아가면서 발전해보세요. 이 시기에 내가 할 수 있는 것을 찾아가는 것이 우리에게 가장 필요한 일입니다.

교육을 받지 못해 열등감에 시달리는 사람들이 있다. 하지만 부를 축적하는 데 필요한 지식을 가진 조력 집단을 조직해서 감독하는 사람은 지식을 갖춘 사람과 다를 바 없다.

Men sometimes go through life suffering from 'inferiority complexes', because they are not men of 'education'. The man who can organize and direct a 'Master Mind' group of men who possess knowledge useful in the accumulation of money, is just as much a man of education as any man in the group.

지식은 가치 있는 일에 쓰일 때
의미가 있다.

Knowledge has no value except that which
can be gained from its application toward
some worthy end.

성공한 사람은 자신의 목표, 사업, 직업과
관련해 전문 지식 쌓기를 멈추지 않는
반면, 성공하지 못한 사람은 학교를
졸업하면 공부가 끝났다고 생각한다.

ledge related to their major purpose,
business, or profession. Those who are
not successful usually make the mistake
of believing that the knowledge acquiring
period ends when one finishes school.

인간의 고질적인 약점이 있다면 바로
야망이 없다는 것이다.

There is one weakness in people for which
there is no remedy.

학교를 졸업했다고 해서 공부를 멈추는 사람은 직업이 무엇이든 평생 희망 없이 평범한 삶을 살게 될 것이다. 성공하려면 계속해서 새로운 지식을 추구해야 한다.

The person who stops studying merely because he has finished school is forever hopelessly doomed to mediocrity, no matter what may be his calling. The way of success is the way of continuous pursuit of knowledge.

우리는 원한다면 얼마든지 조건을 통제할
수 있기에 위로 올라갈 수도, 바닥에
그대로 머무를 수도 있다.

We rise to high positions or remain at
the bottom because of conditions we can
control if we desire to control them.

성공과 실패는 대개 습관의 결과다.

Namely, that both success and failure are
largely the results of habit.

능력은 상상력을 의미하며, 이 상상력은 전문 지식과 아이디어를 결합해 체계적인 계획을 작성하여 부를 낳는다.

Capability means imagination, the one quality needed to combine specialized knowledge with ideas, in the form of organized plans designed to yield riches.

전문 지식은 어디서나 쉽게 얻을 수 있다.

기억하라. 아이디어가 가장 중요하다.

Remember, the idea is the main thing.
Specialized knowledge may be found just
around the corner—any corner.

지식은 체계적으로 정리한 다음 부를 향한
명확한 목적에 방향을 맞추어 실천 계획을
세우지 않으면 돈을 끌어들일 수 없다.

Knowledge will not attract money, unless
it is organized, and intelligently directed,
through practical plans of action, to the
definite end of accumulation of money.

지식은 잠재적인 힘일 뿐, 오로지 확고한
목표에 맞춰 체계적인 활용을 통해 확실한
실천 계획을 세울 때만 비로소 힘이 된다.

Knowledge is only potential power. It
becomes power only when, and if, it is
organized into definite plans of action,
and directed to a definite end.

상상력이란 말 그대로 인간이 창조할 수
있는 모든 계획을 만들어내는 작업실이다.

The imagination is literally the workshop
wherein are fashioned all plans created by
man.

뭔가를 하고자 하는 충동, 그 열망은
상상력의 도움을 받아 단순하던 형체가
점점 구체적 형태로 갖추어져 행동으로
나타난다.

The impulse, the desire, is given shape,
form, and action through the aid of the
imaginative faculty of the mind.

인간의 유일한 한계가 있다면 상상력을
키우고 사용하는 데 이성의 제약을
받는다는 것이다.

Man's only limitation, within reason,
lies in his development and use of his
imagination.

당신은 할 수 있다!

이전에도 많은 사람이 해냈듯이 말이다!

You can do it! It has been done before!

신은 자신이 원하는 것을 정확히 알고,
그것을 가지려 결심한 사람의 편에
서는 것 같다.

God seems to throw himself on the side
of the man who knows exactly what he
wants, if he is determined to get just that.

근면 성실하게 일하기만 하면 부자가
될 수 있다는 믿음을 버려라! 그것은
진실이 아니다. 부는, 특히 막대한 부는
열심히 일한다고 해서 얻어지는 것이
절대 아니다. 부는 명확한 원칙을 두고
분명하게 요구할 때 찾아온다.

bring riches, perish the thought! It is not
true. Riches, when they come in huge
quantities, are never the result of hard
work. Riches come, if they come at all, in
response to definite demands, based upon
the application of definite principles, and
not by chance or luck.

똑똑한 영업 사원은 상품을 팔 수 없는 곳에서도 아이디어는 팔린다는 사실을 알고 있다. 평범한 영업 사원은 이 사실을 모른다. 그래서 그들이 '평범'한 것이다.

All master salesmen know that ideas can be sold where merchandise cannot. Ordinary salesmen do not know this—that is why they are 'ordinary'.

카네기는 자신이 못하는 일을 해낼 사람을
곁에 두었다. 바로 아이디어를 떠올리는
사람, 아이디어를 실행하는 사람이다.
그들을 곁에 두어 자신뿐만 아니라
그들까지 엄청난 부자로 만들었다.

Carnegie surrounded himself with men
who could do all that he could not do. Men
who created ideas, and men who put ideas
into operation, and made himself and the
others fabulously rich.

아이디어에는 정해진 가격이 없다.
아이디어를 낸 사람이 가격을 책정하고
똑똑한 사람이 그 가치를 손에 쥔다.
막대한 부의 거의 모든 이야기는
아이디어를 고안한 사람과 그것을 파는
사람이 협력해서 조화롭게 일할 때
시작한다.

There is no standard price on ideas. The
creator of ideas makes his own price,
and, if he is smart, gets it. The story of
practically every great fortune starts
with the day when a creator of ideas and a
seller of ideas got together and worked in
harmony.

4장

**목표는 마감일이
있는 꿈이다**

때때로 우리는 목표는 세우지만 실행하지 못할 때가 많습니다. 분명 이루고 싶은 것이 있고 떠오르는 아이디어가 있음에도 불구하고 해야 하는 일을 쉽게 미뤄버리죠. 다이어트를 하고 싶지만 지금 먹고 싶은 음식을 참지 못하고 운동도 하지 않습니다. 돈을 벌고 싶지만 자기계발을 미루고 게으름을 피우고 모든 걸 내일로 미루죠. 실행에 옮기더라도 금방 지치거나 실패를 만나면 금방 무너져버리기도 합니다. 이 과정이 되풀이되며 바뀌지 않는 삶의 모습에 좌절할 때도 많습니다.

지금까지 우리는 부자가 되기 위한 생각법을 알게

되었습니다. 부에 대한 열망을 가지고 성공에 대한
믿음을 갖기로 했죠. 전문 지식을 쌓고 상상력
키워야하는 이유도 알게 됐습니다. 이제는 실행에
필요한 확고한 방법과 수단으로 계획을 세워야 할
차례입니다. 물론 그 과정에서 실패할 수도 있습니다.
우리는 살면서 수많은 위기와 변동을 만나게 될
테니까요.

이 장에서는 체계적인 계획을 세우는 법과 실행에
필요한 결단력 그리고 실패를 대처하는 끈기와
조력집단의 힘에 대한 문장을 소개합니다. 성공으로
달려가려면 뚜렷한 목표와 강력한 실행력이
필요합니다. 구체적인 방법을 이 장에서 알 수 있을
것입니다.

성공 여부는 계획이 얼마나 견실한지에
달려 있다. 뻔한 말 같지만 진실이다.

Your achievement can be no greater than
your plans are sound. That may seem to be
an axiomatic statement, but it is true.

사랑에 실패했다는 이유로 불행하다고
믿는다면 그런 생각은 버려라. 진정
사랑했던 사람은 완전히 잃지 않는다.
사랑은 원할 때 오지만 예고 없이
사라진다. 그러니 사랑하는 동안
즐기고 사랑이 떠날 것에 대해서는
걱정하지 마라. 사랑은 걱정한다고 해서
되돌아오지는 않는다.

If you believe yourself unfortunate, because you have 'loved and lost,' perish the thought. One who has loved truly, can never lose entirely. Love is whimsical and temperamental. Its nature is ephemeral, and transitory. It comes when it pleases, and goes away without warning. Accept and enjoy it while it remains, but spend no time worrying about its departure. Worry will never bring it back.

대체로 세상에는 두 가지 유형의 사람이 있다. 하나는 리더이고 다른 하나는 추종자다.

Broadly speaking, there are two types of people in the world. One type is known as leaders, and the other as followers.

돈은 자동력이 없는 물체로, 그 자체로는
아무것도 아니다. 움직이는 것은 물론
생각하지도, 말하지도 못한다. 다만 돈을
열망하는 사람이 자기에게 오라고 부르면
'듣는다.'

Money, of itself, is nothing but inert
matter. It cannot move, think, or talk, but
it can "hear" when a man who desires it,
calls it to come.

대부분의 위대한 리더는 추종자로
시작했다. 대신 똑똑한 추종자였기에
위대한 리더가 될 수 있었다. 리더를
현명하게 따르지 못하는 사람이 효율적인
리더가 되는 경우는 거의 없다. 가장
효율적으로 따르는 사람이 보통 가장
빠르게 리더의 자리에 올라간다.

Most great leaders began in the capacity
of followers. They became great leaders
because they were intelligent followers.
With few exceptions, the man who cannot
follow a leader intelligently, cannot
become an efficient leader. The man
who can follow a leader most efficiently,
is usually the man who develops into
leadership most rapidly.

자신을 다스리지 못하는 사람은 다른 사람도 다스릴 수 없다. 자제력은 추종자에게 강력한 모범이 된다. 똑똑한 추종자일수록 따라 할 것이다.

The man who cannot control himself, can never control others. Self-control sets a mighty example for one's followers, which the more intelligent will emulate.

자기 일을 계획하고 계획대로 움직여야
한다. 실용적이고 명확한 계획 없이
추측으로 움직이는 리더는 방향타 없는 배와
같다. 조만간 암초에 부딪히고 말 것이다.

The successful leader must plan his work,
and work his plan. A leader who moves by
guesswork, without practical, definite
plans, is comparable to a ship without a
rudder. Sooner or later he will land on the
rocks.

리더라면 추종자의 실수와 흠에 기꺼이 책임질 줄 알아야 한다. 책임을 전가하려 하면 리더 자리를 지킬 수 없다. 추종자가 실수를 저지르거나 무능하다면 리더는 이를 자신의 실패라고 여겨야 한다.

The successful leader must be willing to assume responsibility for the mistakes and the shortcomings of his followers. If he tries to shift this responsibility, he will not remain the leader. If one of his followers makes a mistake, and shows himself incompetent, the leader must consider that it is he who failed.

상상력이 없는 리더는 긴급 상황에
대처하지 못하며 추종자를 효율적으로
이끄는 계획을 세우지 못한다.

Without imagination, the leader is
incapable of meeting emergencies, and
of creating plans by which to guide his
followers efficiently.

결단력의 반대말은 꾸물거림으로, 이는
모두가 정복해야 하는 공공의 적이다.

Procrastination, the opposite of decision,
is a common enemy which practically
every man must conquer.

수백만 달러 이상의 재산을 가진 사람들을
분석해보니 그들은 한결같이 빠른
결단력과 신중한 변경이 몸에 습관처럼
배어 있었다.

Analysis of several hundred people who
had accumulated fortunes well beyond
the million dollar mark, disclosed the
fact that every one of them had the habit
of reaching decisions promptly, and of
changing these decisions slowly, if, and
when they were changed.

의견이란 지구상에서 가장 값싼 상품이다.

Opinions are the cheapest commodities
on earth.

당신이 결정을 내릴 때 타인의 의견에
지나치게 영향을 받는 사람이라면 어떤
일에서도 성공하기 힘들다.

If you are influenced by "opinions" when
you reach decisions, you will not succeed
in any undertaking.

내면의 조언을 들어라. 성공 원칙들을
실천할 때는 스스로 결단을 내리고
따르라. 조력 집단 외에는 당신의 확신을
건들지 못하게 하라.

Keep your own counsel, when you begin to
put into practice the principles described
here, by reaching your own decisions and
following them. Take no one into your
confidence, except the members of your
'Master Mind' group.

누구나 자기만의 철학과 생각이 있다.
이를 이용해 자기만의 결정을 내려야
한다. 결단을 내리는 데 다른 사람에게
사실이나 정보를 받아야 한다면 목적을
밝히지 말고 필요한 정보만 조용히
얻도록 하라.

You have a brain and mind of your own.
use it, and reach your own decisions.
If you need facts or information from
other people, to enable you to reach
decisions, as you probably will in many
instances; acquire these facts or secure
the information you need quietly, without
disclosing your purpose.

지식이 얕은 사람일수록 많이 아는 것처럼
보이려 애쓴다. 그런 사람들은 대개 말이
많고 다른 사람의 말은 경청하지 않는다.

It is characteristic of people who have but
a smattering or a veneer of knowledge to
try to give the impression that they have
much knowledge. Such people generally
do too much talking, and too little
listening.

진정한 학식을 가진 사람 앞에서 입을
열면 당신의 지식이 수준을 드러낼
뿐이라는 사실을 명심하라.

Remember, every time you open your
mouth in the presence of a person who
has an abundance of knowledge, you
display to that person, your exact stock of
knowledge, or your lack of it.

계획을 무분별하게 떠벌리면 나중에 다른
사람이 그 계획을 먼저 실행해 목표를
가로채는 황당한 경험을 할 수도 있다.

If you talk about your plans too freely,
you may be surprised when you learn that
some other person has beaten you to your
goal by putting into action ahead of you,
the plans of which you talked unwisely.

"무엇을 하려는지 세상에 알리기 전에
먼저 행동으로 보여주어라." 언제나
중요한 것은 말이 아니라 행동이다.

"Tell the world what you intend to do,
but first show it." This is the equivalent
of saying that 'deeds, and not words, are
what count most.'

결정의 가치는 결정을 내리는 데 얼마나
큰 용기가 필요한가에 따라 달라진다.

The value of decisions depends upon the
courage required to render them.

신속하고 확고한 결정을 내리는 사람은
자신이 원하는 것이 무엇인지 알고 보통
그것을 손에 넣는다.

Those who reach decisions promptly and
definitely, know what they want, and
generally get it.

세상은 자신의 길을 확고히 알고 있음을
말과 행동으로 보여주는 사람에게 리더의
자리를 내어주고는 한다.

The world has the habit of making room
for the man whose words and actions
show that he knows where he is going.

끈기는 의지를 바탕으로 한다. 의지와
열망이 제대로 결합하면 강력한 한 쌍이
된다.

The basis of persistence is the power of
will. Will-power and desire, when properly
combined, make an irresistible pair.

막대한 부를 축적한 사람은 대개 냉혈하고
가끔은 무자비하다는 평가를 받고 종종
오해도 받는다. 그러나 그들은 열망을
받쳐주는 강력한 의지와 끈기를 발휘해
목표를 이루는 것일 뿐이다.

Men who accumulate great fortunes are
generally known as cold-blooded,and
sometimes ruthless. Often they are
misunderstood. What they have
is willpower, which they mix with
persistence, and place back of their
desires to insure the attainment of their
objectives.

끈기를 대신할 수 있는 것은 없다. 어떤 자질도 끈기를 대체하지 못한다.

There is no substitute for persistence. It cannot be supplanted by any other quality.

끈기가 습관으로 밴 사람은 실패에 대한 준비도 즐기며 세운다. 몇 번을 실패하더라도 이들은 결국 사다리 꼭대기에 도착한다.

Those who have cultivated the habit of persistence seem to enjoy insurance against failure. No matter how many times they are defeated, they finally arrive up toward the top of the ladder.

끈기의 중요성을 겪어본 사람들은 실패를
일시적인 일 이상으로 치부하지 않는다.
이들은 열망을 끈기 있게 밀어붙이고
마침내 실패를 승리로 바꾸어낸다.

A few people know from experience the
soundness of persistence. They are the
ones who have not accepted defeat as
being anything more than temporary.
They are the ones whose desires are so
persistently applied that defeat is finally
changed into victory.

아이디어는 생기는 순간 바로 생명을
불어넣어야 한다. 생명을 불어넣은
아이디어는 끝까지 살아남을 가능성이
커진다. 많은 아이디어가 실행되지 못하는
이유는 마음 깊은 곳에 비난에 대한
두려움이 깔려 있기 때문이다.

The time to nurse an idea is at the time
of its birth. Every minute it lives, gives
it a better chance of surviving. The
fear of criticism is at the bottom of the
destruction of most ideas which never
reach the planning and action stage.

사람들은 물질적 성공이 행운의
결과라고 믿는다. 물론 아주 근거 없는
믿음은 아니지만 운에만 의존하는
성공은 항상 실망으로 끝나기 마련이다.
성공을 위해 필요한 중요한 다른 요소를
놓치기 때문이다. 바로 스스로 행운을
만들 수 있다는 깨달음이다.

Many people believe that material success
is the result of favorable 'breaks'. There
is an element of ground for the belief, but
those depending entirely upon luck, are
nearly always disappointed, because they
overlook another important factor which
must be present before one can be sure of
success.

부는 소망에는 응답하지 않는다. 오로지
명확한 열망이 뒷받침된 계획을 끈기 있게
밀어붙일 때만 응답한다.

Riches do not respond to wishes. They
respond only to definite plans, backed
by definite desires, through constant
persistence.

"너 자신에게 진실하라. 그러면 밤이 낮을 따르듯 어떤 이에게도 거짓을 행하지 못할 것이다."

"To thine own self be true, and it must follow, as the night the day, thou canst not then be false to any man."

계획은 그것을 실행으로 옮기기 위한 힘이
충분하지 않으면 아무 쓸모가 없다.

Plans are inert and useless, without
sufficient power to translate them into
action.

계획이 크고 복잡할수록 다른 사람의
협력을 구해야 계획에 필요한 힘을
불어넣을 수 있다.

If his plans are comprehensive, and if they
contemplate large proportions, he must,
generally, induce others to cooperate
with him, before he can inject into them
the necessary element of power.

당신 곁에서 완벽한 조화의 정신을
바탕으로 진심 어린 조언, 상담, 협력을
제공하는 사람이 있다면 경제적 이득은
자연스럽게 생긴다.

Economic advantages may be created
by any person who surrounds himself
with the advice, counsel, and personal
cooperation of a group of men who are
willing to lend him wholehearted aid, in a
spirit of perfect harmony.

여러 배터리가 하나의 배터리보다
많은 에너지를 내듯, 조화의 정신으로
조직화되고 연결된 집단 두뇌는 한 사람의
두뇌보다 더 큰 사고 에너지를 낼 수밖에
없다.

This accounts for the fact that some brains
are more efficient than others, and leads
to this significant statement—a group
of brains coordinated (or connected) in
a spirit of harmony, will provide more
thought-energy than a single brain, just as
a group of electric batteries will provide
more energy than a single battery.

돈이란 늘 사람들 곁에 있지만 가까이
다가가면 숨거나 피해버리는 습성을
가지고 있다. 누군가와 사랑에 빠지는
과정을 생각해보라. 서로에 대해 탐색하고
알아가고 감정이 커져 곁에 있고 싶어지는
그런 일련의 과정은 돈에 다가가는 과정과
다르지 않다.

Money is as shy and elusive as the 'old
time' maiden. It must be wooed and won
by methods not unlike those used by a
determined lover, in pursuit of the girl of
his choice. And, coincidental as it is, the
power used in the 'wooing' of money is not
greatly different from that used in wooing
a maiden.

중요한 것은 부에 대한 생각을 가지는 것이다. 그 힘은 믿음과 합쳐질 때 성공을 발휘할 수 있다. 열망도 함께 더해져야 한다. 끈기도 마찬가지다. 그리고 계획을 통해 실행으로 옮겨져야 한다.

That power, when successfully used in the pursuit of money must be mixed with FAITH. It must be mixed with desire. It must be mixed with persistence. It must be applied through a plan, and that plan must be set into action.

성은 인간의 가장 강력한 욕구다. 성적 열망에 사로잡힌 사람은 평소에는 없던 상상력, 용기, 의지력, 끈기, 창조적 능력이 발현되기도 한다.

Sex desire is the most powerful of human desires. When driven by this desire, men develop keenness of imagination, courage, will-power, persistence, and creative ability unknown to them at other times.

이렇게 강력한 자극원의 다른 배출구를 찾아 방향을 바꿔준다면 상상력과 용기를 고취해 문학이나 예술 등 여러 직업을 비롯해 부를 축적하는 일에도 창조력을 발휘할 수 있다.

When harnessed, and redirected along other lines, this motivating force maintains all of its attributes of keenness of imagination, courage, etc., which may be used as powerful creative forces in literature, art, or in any other profession or calling, including, of course, the accumulation of riches.

고차원 사고에 도달하면 일상에서
골몰하던 의식주 같은 기본 문제에서
벗어나 다른 자극에 사고가 방해받거나
구속받지 않는다. 비행기에 있으면 언덕과
산맥같이 시야를 가로막던 것이 사라지듯
평범하고 보통의 사고들이 사라지는
세계에 있게 되는 것이다.

While on this higher level of thought, the
individual is not hampered or bound by
any of the stimuli which circumscribe
and limit his vision while wrestling with
the problems of gaining the three basic
necessities of food, clothing, and shelter.
He is in a world of thought in which the
ordinary, work-a-day thoughts have been
as effectively removed as are the hills and
valleys and other limitations of physical
vision, when he rises in an airplane.

의식이라고 알려진 것은 전적으로 육감을 통해 작동한다. 위대한 예술가, 작가, 음악가, 시인이 위대할 수 있었던 것은 그들이 창조적 상상력을 통해 내면에서 들려오는 아주 작은 목소리를 따랐기 때문이다.

That which is known as ones conscience operates entirely through the faculty of the sixth sense. The great artists, writers, musicians, and poets become great, because they acquire the habit of relying upon the 'still small voice' which speaks from within, through the faculty of creative imagination.

인간의 정신은 자극에 반응한다! 이 자극
중 가장 크고 강력한 것이 성적 욕구다.
성적 욕구를 활용해 얻은 추진력은 인간을
고차원으로 끌어올려 저차원 세계에
놓인 걱정과 골칫거리를 통제할 수 있게
해준다.

The human mind responds to stimulation!
Among the greatest, and most powerful
of these stimuli is the urge of sex. When
harnessed and transmuted, this driving
force is capable of lifting men into that
higher sphere of thought which enables
them to master the sources of worry
and petty annoyance which beset their
pathway on the lower plane.

세상과 문명의 운명은 인간의 감정이
건설한다. 사람들은 이성이 아닌 느낌으로
행동에 영향을 받기 때문이다. 창의력은
차가운 이성이 아니라 전적으로 감정에
의해 작동한다. 그리고 인간의 감정 중
가장 강력한 것이 바로 성애다.

The world is ruled, and the destiny of
civilization is established, by the human
emotions. People are influenced in their
actions, not by reason so much as by
"feelings." The creative faculty of the mind
is set into action entirely by emotions, and
not by cold reason. The most powerful of
all human emotions is that of sex.

성 자체는 어떤 행동에 대한 강력한
원동력이긴 하지만 마치 사이클론
같아서 종종 통제할 수가 없다. 그래서
사랑이라는 감정과 합쳐지면 목표,
침착함, 정확한 판단으로 차분해진다.

Sex, alone, is a mighty urge to action,
but its forces are like a cyclone—they are
often uncontrollable. When the emotion of
love begins to mix itself with the emotion
of sex, the result is calmness of purpose,
poise, accuracy of judgment, and balance.

사랑, 로맨스, 성은 사람을 최고의
성취를 이루도록 이끄는 감정이다.
사랑은 안전밸브 역할을 하여 균형, 안정,
건설적인 노력을 할 수 있게 붙들어준다.

Love, Romance, and Sex are all emotions
capable of driving men to heights of
super achievement. Love is the emotion
which serves as a safety valve, and insures
balance, poise, and constructive effort.

진정한 사랑에 빠져본 사람이라면
오랫동안 마음에 지워지지 않는 흔적이
남는다는 걸 알기 때문이다. 사랑은
영적인 것이어서 영향력은 오래간다.
사랑에 의해 성취욕이 자극되지 않는다면
희망이 없다. 살아 있지만 죽은 것이나
다름없다.

Every person, who has been moved
by genuine love, knows that it leaves
enduring traces upon the human heart.
The effect of love endures, because
love is spiritual in nature. The man who
cannot be stimulated to great heights of
achievement by love, is hopeless—he is
dead, though he may seem to live.

5장

내가 하는 일을
정말로 믿는다면,
인생에서 거의
모든 것이
가능하다

그런 날 있지 않나요? 유난히 부정적인 감정에
휩싸이는 상황 말이에요. 스트레스를 많이 받거나
예민해 있을 때, 작은 일에도 짜증이 나고, 뭘 해도 의미
없게 느껴지며, 아무것도 하기 싫고 모든 걸 망칠 듯한
날이요.

반대로 이런 날도 있어요. 아침에 일어났는데 너무
상쾌한 기분이 드는 날. 왠지 오늘은 좋은 일이 생길 것
같고, 어떤 일이든 해낼 수 있을 것 같죠. 살랑살랑 부는
바람에도 기분이 좋아지고, 좋은 향기가 나는 것 같고,
누군가의 작은 인사에도 기분 좋아지고 감사해지는
그런 날이요.

만약 매일 아침 나의 하루를 선택할 수 있다면,
여러분은 어떤 날을 선택하고 싶으신가요? 당연히 기분
좋은 날을 선택하겠죠!

이번 장에서는 부를 이루려는 목표에서 잠재의식을
어떻게 사용해야 하는지, 어떻게 창조력과 상상력을
이용해 아이디어를 만드는지를 알려줄 것입니다.
계획하고 실행하는 데 긍정적인 사고가 얼마나
중요한지도 알게 될 것입니다. 성공이라는 목표를
위해서는, 우리가 나아가는 길을 방해하는 부정적인
감정에서 먼저 벗어나야 합니다. 내 안의 믿음과
열망, 잠재의식에 대한 문장들을 마음속에 새겨보길
바랍니다.

잠재의식은 밤낮으로 일하고 인간이
알 수 없는 과정을 통해 무한 지성을
끌어내고, 열망을 물리적 실체로
전환하여 가장 실용적인 수단으로
성취를 이룰 수 있게 한다.

The subconscious mind works day and
night. Through a method of procedure,
unknown to man, the subconscious
mind draws upon the forces of Infinite
Intelligence for the power with which it
voluntarily transmutes one's desires into
their physical equivalent, making use,
always of the most practical media by
which this end may be accomplished.

잠재의식은 쉬지 않고 움직인다. 따라서
그 안에 열망을 심어주지 않으면 게으름을
피운 대가로 부정적 사고가 잠재의식을
잠식해버릴 것이다.

The subconscious mind will not remain
idle! If you fail to plant desires in your
subconscious mind, it will feed upon the
thoughts which reach it as the result of
your neglect.

실패하고 나서 기도하는 사람의 마음은
두려움과 의심으로 가득 차 있다.

Most people who pray, do so only after
everything else has failed, they go to
prayer with their minds filled with fear
and doubt.

이제는 잠재의식에 부정적 자극의 유입은 차단하고 열망이라는 긍정적 자극이 흘러 들어가도록 해야 한다. 이것이 성공하면 잠재의식의 문을 열 열쇠를 얻게 될 것이다.

You are now engaged in trying to help shut off the flow of negative impulses, and to aid in voluntarily influencing your subconscious mind, through positive impulses of desire. When you achieve this, you will possess the key which unlocks the door to your subconscious mind.

인간이 만들어내는 모든 것은 사고
자극에서 시작한다. 상상하지 않고서는
아무것도 창조할 수 없다.

Everything which man creates, begins in
the form of a thought impulse. Man can
create nothing which he does not first
conceive in thought.

창조적 상상력은 뇌의 수신기라 할 수
있어서 다른 사람의 뇌에서 흘러나오는
생각을 수신한다.

The creative imagination is the 'receiving
set' of the brain, which receives thoughts,
released by the brains of others.

긍정적 감정과 부정적 감정은 마음속에
공존할 수 없다. 둘 중 하나만 마음을
지배할 수 있으므로 긍정적 감정이 마음에
더 큰 영향력을 행사하도록 노력해야
한다.

Positive and negative emotions cannot
occupy the mind at the same time. One
or the other must dominate. It is your
responsibility to make sure that positive
emotions constitute the dominating
influence of your mind.

정신은 자극되거나 고주파로 증폭될 때
대기를 통해 도착하는 외부의 사고를
더 잘 수신한다. 이런 증폭 과정은
긍정적 감정이나 부정적 감정을 통해
발생한다. 즉 감정은 생각 주파수의
진동을 증폭할 수 있다.

When stimulated, or 'stepped up' to a
high rate of vibration, the mind becomes
more receptive to the vibration of thought
which reaches it through the ether from
outside sources. This "stepping up"
process takes place through the positive
emotions, or the negative emotions.
Through the emotions, the vibrations of
thought may be increased.

육감은 당면한 위험을 피하게 해주고
눈앞의 기회를 잡을 수 있게 해준다.

Through the aid of the sixth sense, you
will be warned of impending dangers
in time to avoid them, and notified of
opportunities in time to embrace them.

나는 영웅 숭배의 시간을 보내면서 내가
가장 존경하는 사람들을 모방하려 애썼다.
그리고 믿음을 가지고 우상을 닮기 위해
노력했을 때 꽤 성공적으로 그들을 따라갈
수 있었다.

While I was passing through the age of
"hero-worship" I found myself trying
to imitate those whom I most admired.
Moreover, I discovered that the element of
faith, with which I endeavored to imitate
my idols, gave me great capacity to do so
quite successfully.

나는 인생에서 여러 차례 위급 상황을
겪었는데, 어떤 때는 목숨이 위태로울
정도였다. 그때 보이지 않는 조언자들은
나를 기적처럼 난관을 극복하는 길로
안내해주었다.

On scores of occasions, when I have faced
emergencies, some of them so grave
that my life was in jeopardy, I have been
miraculously guided past these difficulties
through the influence of my 'Invisible
Counselors'.

"자네는 삶의 비밀을 발견하게 될 거야.
삶은 엄청난 에너지나 독립체들로
이루어져 있고, 인간이 똑똑하다고
자처하는 만큼 각각의 저들도 똑똑하다는
걸 때가 되면 깨닫게 될 걸세. 이런 삶의
구성단위는 마치 벌집처럼 연결되어
있어서 서로 협력하지 않으면 붕괴하고
말지. 그 구성단위도 인간처럼 똑같이
의견 충돌이 있고 다툼이 일어나네.
자네가 이끄는 이 모임이 매우 도움이 될
거야. 회의를 통해 여기 구성원들의 삶의
단위들이 자네를 도울 거네. 이 단위는
영원하다네. 절대 죽지 않지! 자네의
생각과 열망이 거대한 삶이라는 바다에서
삶의 단위들을 밖으로 끌어당기는 역할을
하는 거야. 자네의 열망과 조화를 이루는
것들을 말이지."

"You are destined to witness the discovery of the secret of life. When the time comes, you will observe that life consists of great swarms of energy, or entities, each as intelligent as human beings think themselves to be. These units of life group together like hives of bees, and remain together until they disintegrate, through lack of harmony. These units have differences of opinion, the same as human beings, and often fight among themselves. These meetings which you are conducting will be very helpful to you. They will bring to your rescue some of the same units of life which served the members of your Cabinet, during their lives. These units are eternal. They never die! Your own thoughts and desires serve as the magnet which attracts units of life, from the great ocean of life out there. Only the friendly units are attracted—the ones which harmonize with the nature of your desires."

모든 성공의 출발점은 열망이다. 그리고
종점은 이해로 이끄는 지식이다. 자신에
대한 이해, 타인에 대한 이해, 대자연
법칙에 대한 이해, 행복에 대한 인지와
이해로 이끄는 지식 말이다. 이런 이해는
육감에 친숙해지고 사용함으로써 온전히
도달할 수 있다.

The starting point of all achievement
is desire. The finishing point is that
brand of knowledge which leads to
understanding—understanding of self,
understanding of others, understanding
of the laws of Nature, recognition and
understanding of happiness. This sort of
understanding comes in its fullness only
through familiarity with, and use of the
principle of the sixth sense.

세 가지 적이란 바로 우유부단함, 의심,
두려움이다. 세 가지 부정적 마음 중
한 가지만 있어도 육감은 절대 작동하지
않는다.

It begins with study, analysis, and
understanding of three enemies which
you shall have to clear out. These are
indecision, doubt and fear. The sixth Sense
will never function while these three
negatives, or any of them remain in your
mind.

우유부단함은 의심으로 굳어지고, 그 둘이
합쳐지면 두려움이 된다!

Indecision crystalizes into doubt, the two
blend and become fear!

두려움은 마음의 상태일 뿐이다. 즉
스스로 통제하고 방향을 이끌 수 있다는
말이다.

Fears are nothing more than states of
mind. One's state of mind is subject to
control and direction.

같은 능력, 훈련, 경험, 지적 능력을 갖추었는데 어떤 사람은 운이 좋은 것처럼 보이고, 누군가는 오히려 능력이 더 많은데도 운이 나쁜 것 같다면서, 이를 이해할 수 없다는 사람에게 중요한 사실을 알려주고자 한다. 모든 인간에게는 자기 마음을 완벽하게 통제할 능력이 있다. 하지만 누군가는 다른 사람에서 흘러나오는 사고 자극이 잘 들어오도록 마음의 문을 여는 반면 다른 누군가는 문을 꼭 걸어 잠그고 자신의 사고 자극만 받아들인다. 그것이 차이를 만든다.

We are here laying the foundation for the presentation of a fact of great importance to the person who does not understand why some people appear to be 'lucky' while others of equal or greater ability, training, experience, and brain capacity, seem destined to ride with misfortune. This fact may be explained by the statement that every human being has the ability to completely control his own mind, and with this control, obviously, every person may open his mind to the tramp thought impulses which are being released by other brains, or close the doors tightly and admit only thought impulses of his own choice.

대자연은 사람에게 스스로 완벽하게
다스릴 수 있는 한 가지를 선사했는데,
바로 자신의 생각이다.

Nature has endowed man with absolute
control over but one thing, and that is
thought.

모든 생각이 물질적 실체로 나타나는 게
진실이라면, 두려움과 가난에 대한 사고
자극이 용기와 재화로 전환될 수 없다는
것도 분명하다.

If it is true that All thought has a tendency
to clothe itself in its physical equivalent,
it is equally true that thought impulses of
fear and poverty cannot be translated into
terms of courage and financial gain.

가난과 부는 타협할 수 없다. 가난과 부로
가는 두 갈래 길은 반대 방향으로 나 있다.
부자가 되고 싶다면 가난을 끌어당기는
어떤 조건도 받아들여서는 안 된다.

There can be no compromise between
poverty and riches. The two roads
that lead to poverty and riches travel
in opposite directions. If you want
riches, you must refuse to accept any
circumstance that leads toward poverty.

마음가짐은 스스로 가져야 한다. 돈으로
살 수 없으며 오로지 스스로 만들어야
한다.

A state of mind is something that one
assumes. It cannot be purchased, it must
be created.

가난에 대한 두려움은 단지 마음 상태일 뿐이다. 하지만 이 두려움이 어떤 일에서든 성공할 기회를 앗아가버릴 수 있다.

Fear of poverty is a state of mind, nothing else! But it is sufficient to destroy one's chances of achievement in any undertaking, a truth which became painfully evident during the depression.

비난에 대한 두려움은 진취성을 빼앗고,
상상력을 저해하고, 개성을 막고,
자존감을 빼앗아가는 등 수많은 해를
끼친다.

The fear of criticism robs man of
his initiative, destroys his power of
imagination, limits his individuality,
takes away his self-reliance, and does him
damage in a hundred other ways.

질병에 대한 두려움의 씨앗은 모두의
마음속에 산다. 걱정, 두려움, 좌절,
사랑이나 사업에 대한 실망이 두려움의
씨앗을 싹틔우고 자라게 한다.

The seed of fear of ill health lives
in every human mind. Worry, fear,
discouragement, disappointment in love
and business affairs, cause this seed to
germinate and grow.

마음속에 불안이 가득하면 현명하게
행동할 수 없으며 파괴적인 생각이
만나는 모든 사람에게 전달되어 그들마저
똑똑하게 행동할 기회를 앗아가버린다.

A man whose mind is filled with fear
not only destroys his own chances of
intelligent action, but, he transmits these
destructive vibrations to the minds of
all who come into contact with him, and
destroys, also their chances.

죽음의 두려움을 덜어내는 방법은 죽음에서
벗어날 수 없다고 받아들이는 것이다.
가난에 대한 두려움을 없애는 방법은 부를
얼마나 축적할 수 있는지 걱정하지 말고
축적한 만큼의 부로 살아가기로 하는
것이다. 비난에 대한 두려움은 타인의
생각과 말과 행동에 신경 쓰지 않기로 하면
극복할 수 있다. 노년에 대한 두려움은 나이
듦이 불리한 상황이 아니라 젊을 때 알지
못했던 지혜와 자제력 이해력을 가질 수
있는 축복이라고 여기면 된다. 질병에 대한
두려움을 떨쳐버리려면 증상들에 지나치게
민감하게 반응하지 않아야 한다. 사랑하는
사람을 잃을지도 모른다는 두려움은 사랑
없이도 잘 살 수 있다고 바꿔 생각하면 된다.

Relieve yourself, forever of the fear of death, by reaching a decision to accept death as an inescapable event. Whip the fear of poverty by reaching a decision to get along with whatever wealth you can accumulate without worry. Put your foot upon the neck of the fear of criticism by reaching a decision not to worry about what other people think, do, or say. Eliminate the fear of old age by reaching a decision to accept it, not as a handicap, but as a great blessing which carries with it wisdom, self-control, and understanding not known to youth. Acquit yourself of the fear of ill health by the decision to forget symptoms. Master the fear of loss of love by reaching a decision to get along without love, if that is necessary.

음성이 방송국을 통해 라디오 수신기로
전달되듯이 두려운 감정은 한 사람에게서
다른 사람에게로 빠르고 정확하게
전달된다.

The vibrations of fear pass from one mind
to another just as quickly and as surely as
the sound of the human voice passes from
the broadcasting station to the receiving
set of a radio—and by the self-same
medium.

부정적인 생각과 파괴적인 생각을
끊임없이 말로 내뱉는 사람은 분명 그
말에 대한 응답으로 파괴적인 경험을 하게
되어 있다. 부정적인 생각은 꼭 말로 뱉지
않더라도 자신에게 돌아온다.

The person who gives expression, by
word of mouth, to negative or destructive
thoughts is practically certain to
experience the results of those words in
the form of a destructive 'kick-back'. The
release of destructive thought impulses,
alone, without the aid of words, produces
also a 'kickback' in more ways than one.

우리는 인생이라는 사업에서 성공을
이루는 것을 목표로 한다. 그러기
위해서는 마음의 평안을 찾고, 물질적
필요를 채우고, 무엇보다도 행복을
쟁취해야 한다.

Your business in life is, presumably to
achieve success. To be successful, you
must find peace of mind, acquire the
material needs of life, and above all, attain
happiness.

문제가 생길 거라고 지레짐작하지 마라.
문제는 걱정하면 반드시 생기기 마련이다.

Do not expect troubles as they have a
tendency not to dissappoint.

우리에게는 마음을 다스리고, 사고
자극을 선택해 원하는 생각을 마음속에
심을 능력이 있다. 이 힘을 가지고 생각을
건설적으로 사용할 책임이 있다. 스스로
생각을 통제하고 이 땅에서의 운명을
좌지우지할 수 있다. 자신이 처한 환경에
영향을 끼치고 그 환경을 다스려서 원하는
삶을 만들어갈 수 있다.

You may control your own mind, you have
the power to feed it whatever thought
impulses you choose. With this privilege
goes also the responsibility of using it
constructively. You are the master of
your own earthly destiny just as surely as
you have the power to control your own
thoughts. You may influence, direct, and
eventually control your own environment,
making your life what you want it to be.

마음을 다스리지 못하면 그 어떤 것도
다스릴 수 없다. 소유물을 잘 관리하지
못하는 사람이라도 마음은 그래서는
안 된다. 마음은 영적 자산이다. 신성한
왕족을 대하듯 세심하게 보호하고
사용해야 한다.

If you fail to control your own mind, you
may be sure you will control nothing
else. If you must be careless with your
possessions, let it be in connection with
material things. Your mind is your spiritual
estate! Protect and use it with the care to
which Divine Royalty is entitled.

마음을 다스리는 방법 중 가장 실용적인
것은 명확한 목적을 이루기 위한 계획을
부지런히 실행하는 습관을 가지는 것이다.

The most practical of all methods for
controlling the mind is the habit of
keeping it busy with a definite purpose,
backed by a definite plan.

부가 현실이 되는
6단계 원칙

첫 번째, 정확한 액수를 정하라. 단순히 "돈이 아주 많으면 좋겠어" 정도로는 안 된다. 액수를 정확히 정해야 한다.

두 번째, 목표한 돈을 벌기 위해 당신의 무엇을 내줄 것인지 결정하라. 공짜로 얻을 수 있는 것은 없다.

세 번째, 목표한 돈을 갖고자 하는 정확한 날짜를 정하라.

네 번째, 열망을 실현하기 위한 명확한 실행 계획을 세우고 즉시 행동으로 옮겨라.

다섯 번째, 목표한 돈의 액수, 기간, 그 돈을 위해 치를 수 있는 대가, 그 돈을 벌기 위해 실행할 계획을 명확하게 기록하라.

여섯 번째, 하루 두 번, 밤에 잠들기 전과 아침에 일어난 후 기록한 것을 큰 소리로 낭독하라. 낭독하는 동안 이미 그 부를 소유했다고 상상하고 믿어라.

나폴레온 힐의
자신감 선언

❶ 나에게는 인생의 확고한 목표를 이룰 수 있는
능력이 있다. 그러므로 끈기 있게 기다리고 계속해서
노력할 것이다. 여기서 그럴 것을 다짐한다.

❷ 내 지배적 생각은 외부로 표출되어 물리적 행동을
취하고 차츰 물리적 현실로 바뀐다. 그러므로 매일
30분씩 집중해서 내가 되고 싶은 모습을 그려볼
것이다. 그럼으로써 내 마음에 뚜렷한 이미지를
만들어낼 것이다.

❸ 자기암시 원칙을 통해 그 어떤 열망이든 마음속에
계속 품고 있으면 목표를 달성할 실질적인 수단을
찾아낼 수 있다. 그러므로 나는 매일 10분씩
자신감을 계발할 것이다.

❹ 인생의 목표를 명확하게 글로 쓰고, 목표를
달성하기 위한 자신감을 키울 때까지 계속 노력할
것이다.

❺ 진실과 정의 위에 세워지지 않은 부와 지위는 오래가지 않음을 잘 알고 있다. 그러므로 나는 사람들에게 이익을 주지 않는 과정(거래)에는 관여하지 않을 것이다. 나는 내가 사용하고자 하는 힘을 스스로 끌어당기고, 다른 사람과 협력하여 성공할 것이다. 다른 사람을 도우려는 마음으로 다른 사람도 나를 돕도록 만들 것이다. 모든 인간을 사랑하는 마음을 키워 증오와 시기, 질투와 이기심 그리고 냉소의 마음을 버릴 것이다. 타인에 대한 부정적 태도는 나의 성공에 전혀 도움이 되지 않기 때문이다. 또한 다른 사람이 나를 믿도록 할 것이다.

나는 그들을 믿고 또 나 자신을 믿기 때문이다. 나는 이 선서에 서명하고, 기억하고, 그것이 차츰 내 생각과 행동에 영향을 끼쳐 결국 자립적이고 성공한 사람이 될 것이라는 완전한 믿음을 가지고 하루에 한 번씩 큰 소리로 낭독할 것이다.

엮고 쓴이 **드로우앤드류**

'내가 꿈꾸는 나(앤드류)를 그려나간다'라는 뜻을 가진 이름 '드로우앤드류'로 활동하는 작가이자 콘텐츠 크리에이터. 삶과 커리어, 관계에서 겪을 수 있는 많은 이야기를 나누며 구독자와 공감하고 함께 성장하고 있으며, 좋아하는 일과 꿈 사이에서 어떻게 나의 영역을 가꿔나가는지에 대한 다양한 통찰력을 전하고 있다. 드로우앤드류는 윌북 '굿라이프 클래식' 나폴레온 힐 『생각하라 그리고 부자가 되어라』에서 직접 문장들을 뽑아 자신의 경험과 이야기를 함께 쓰고 책으로 엮었다. 나폴레온 힐의 말과 영어 원문이 어우러진, 삶을 단단하게 만들 철학 메시지를 감각적으로 전하는 책이다.

유튜브 채널 @drawandrew

옮긴이 **김미란**

동덕여대 경영학과를 졸업하고 해운항공업계에서 일하다 현재는 천직을 찾아 바른번역 소속 전문번역가로 활동하고 있다. 『자본주의에서 살아남기』 『해빗 메카닉』 『오늘 나에게 정말 필요했던 말』 『라우라 화이트가 사라진 밤』 『누구나 혼자만의 시간이 필요하다』 『스페셜티 커피 멜버른』 『리더를 깨우는 리더 뉴알파』 『폴리, 나 좀 도와줘』 『지식의 탄생』(공역) 『세상 모든 책장』 등 단행본과 『킨포크』와 『시리얼』 시리즈를 우리말로 옮겼다.

굿라이프 클래식은 나의 세계를
단단하게 하는 고전의 철학을 전합니다.

굿라이프 클래식

❶ 『생각하라 그리고 부자가 되어라』

1937년 출간된 20세기 최고의 성공 철학서. 목표와 꿈, 행동이 하나로 강렬하게 움직일 때 인간의 가능성이 얼마나 크고 강력해지는지, '생각의 힘'을 발견하게 하는 책이다.

나폴레온 힐 지음 | 김미란 옮김 | 328쪽

❷ 『인간관계론』

1936년 출간된 영원한 인간관계의 바이블. 20세기 자기계발과 성공학의 원전. 인간 본성을 꿰뚫고 타인을 움직이는 방법을 알려준다. 이 책을 읽으면 풀지 못할 인간관계란 없다.

데일 카네기 지음 | 송보라 옮김 | 348쪽

단단한 고전의 작은 지혜
굿라이프 클래식 문장 모음집

❶ 『성공은 누구도 차별하지 않는다』

원문과 함께 읽는 나폴레온 힐의 문장들

『생각하라 그리고 부자가 되어라』에서 드로우앤드류가 뽑아 엮고 씀 | 김미란 옮김 | 188쪽

❷ 『상대는 중요한 사람이다』

원문과 함께 읽는 데일 카네기의 문장들

『인간관계론』에서 드로우앤드류가 뽑아 엮고 씀 | 송보라 옮김 | 188쪽

굿라이프 클래식
문장 모음집 **1**

인생의 주인이 되는 나폴레온 힐의 말
성공은 누구도 차별하지 않는다

펴낸날 초판 1쇄 2024년 11월 20일

지은이 나폴레온 힐

엮고 쓴이 드로우앤드류

옮긴이 김미란

펴낸이 이주애, 홍영완

편집장 최혜리

편집 양혜영, 김혜원, 김하영, 박효주, 강민우, 한수정,
　　　홍은비, 안형욱, 최서영, 송현근, 이소연, 이은일

디자인 박정원, 김주연, 기조숙, 윤소정, 박소현

홍보마케팅 백지혜, 김태윤, 김준영, 김민준

콘텐츠 이태은, 조유진

해외기획 정미현, 정수림

경영지원 박소현

펴낸곳 (주)윌북 **출판등록** 제 2006-000017호

주소 10881 경기도 파주시 광인사길 217

홈페이지 willbookspub.com **전화** 031-955-3777 **팩스** 031-955-3778

블로그 blog.naver.com/willbooks **포스트** post.naver.com/willbooks

트위터 @onwillbooks **인스타그램** @willbooks_pub

ISBN 979-11-5581-769-8 (04190) 979-11-5581-718-6 (세트)